ANTRAIN

ET

SES ENVIRONS,

(ESSAI)

PAR J.-M. PEIGNÉ,

Rédacteur du *Dinannais*.

DINAN,

IMPRIMERIE DE J.-B. HUART, PLACE DU CHAMP, N° 1.

1861.

Cet essai est le commencement d'un travail que nous nous proposons d'étendre à plusieurs cantons. Ecrit et publié en quatre semaines, il ne se ressentira que trop de la rapidité avec laquelle nous avons été obligé de faire nos recherches, et nous savons nous-même qu'il est très-incomplet : mais nons comptons beaucoup sur l'indulgence de ceux qui le liront.

Nous remercions les quelques personnes qui ont bien voulu nous donner des renseignements sur ce pays auquel nous sommes étranger : c'est surtout un devoir pour nous d'exprimer notre gratitude à un archéologue du canton d'Antrain, que nous ne pouvons nommer, et qui nous a accompagné, dans les petites excursions que nous avons dû faire, avec un empressement que nous n'oublierons jamais.

Dinan, 5 Septembre 1861.

J.-M. PEIGNÉ.

ASPECT GÉNÉRAL

du canton d'Antrain.

Il serait difficile, à notre avis du moins, d'esquisser, d'une manière bien précise, la physionomie du canton d'Antrain : les extrêmes s'y touchent et nous retrouvons, dans le caractère des habitants, les contrastes frappants qu'on remarque dans la nature de son sol. Dans les communes de Saint-Ouen, Antrain et une partie de Tremblay, la terre est riche, fertile : la population laborieuse, intelligente, civilisée. Mais prenez la route de Saint-Remy et avancez jusqu'à Marcillé, et vous aurez devant vous des gens pauvres, sales, tristes comme les landes qu'ils habitent.

Au point de vue politique, nous pourrions faire la même observation. En général, le pays d'Antrain est libéral. Il accueille, sans faire d'opposition, peut-être même avec un certain empressement, les idées révolutionnaires ; et ce n'est pas seulement le peuple, la masse, — mais une partie de l'aristocratie nobiliaire elle-même, — et nous pourrions, en nous appuyant sur des documents écrits, citer plus d'un gentilhomme qui se faisait honneur de servir le régime de 93. Mais prenez à part chaque commune, étudiez-y la marche de la Révolution, l'attitude qu'elle a prise quand on lui a annoncé la chute de la royauté et la naissance de la république, et vous trouverez auprès d'une paroisse royaliste une paroisse républicaine : Marcillé saluant avec enthousiasme le bonnet phrygien et Bazouges qui reste fidèle au roi ; Tremblay qui, par ses démonstrations républicaines, attire la colère de Duboisguy, et Saint-Ouen servant de foyer à la célèbre conspiration de la Rouerie.

Dans Antrain même, pour l'observateur judicieux, il y a, pour ainsi dire, deux villes bien distinctes, que nous nommerons, si vous voulez, la ville-haute et la basse-ville : — la première avec sa population aisée, active, ses mœurs franches, son costume élégant : — la seconde, avec ses habitants pauvres, indolents et mal vêtus.

Châtellenies

D'ANTRAIN ET DE BAZOUGES.

La châtellenie d'Antrain, dont le sort fut étroitement lié à celui de la châtellenie de Bazouges-la-Pérouse, était en quelque sorte une annexe de la terre de Fougères, ce qui n'empêcha pas qu'elle en fut séparée plusieurs fois, notamment au commencement du XVIIe siècle par Henri IV, qui l'aliéna en faveur du maréchal de Brissac, à la mort duquel elle fit retour au domaine. Elle se ressentit souvent de l'influence qu'exerçait sur toutes les paroisses de la baronie l'abbé de Rillé, qui portait, au XVIe siècle, le titre de « maître universel de tout le territoire de Fougères,

Bazouges et Antrain », en vertu d'une charte de François II qui lui reconnaissait le droit d'y nommer, à son gré, tous les maîtres d'école.

Comme celle de Bazouges, elle possédait une juridiction établie par Henri II, en 1558 ; mais Charles IX les ayant toutes réunies au siége royal de Fougères, les habitants de Bazouges et d'Antrain, que cette supression obligeait d'aller plaider hors de chez eux, s'adressèrent directement au roi pour obtenir le rétablissement des deux anciennes juridictions.

Le roi prit un terme moyen, et, tout en ordonnant qu'elles existeraient comme par le passé, il y mit cette restriction qu'elles ne seraient tenues qu'une fois par semaine, le jour du marché, et par un seul juge qui aurait le titre de lieutenant du sénéchal de Fougères.

C'était, à peu près, tout ce qu'on demandait ; car ce lieutenant connaissait de toutes les causes, sauf de celles relatives au roi et de quelques autres qui seules se trouvaient reservées au sénéchal, et l'on ne pouvait appeler de ses sentences qu'au Présidial ou devant le Parlement.

La juridiction d'Antrain moins considérable que celle de Bazouges, ne comprenait que les paroisses d'Antrain, Le Tiercent, Chauvigné, Romazy et Saint-Marc-le-Blanc ;—Marcillé-Raoul, Saint-Remy-du-Plein, Rimou, Noyal et La Fontenelle ressortissaient à Bazouges.

Mais Antrain avait, en outre, une subdélégation de l'intendance, qui, vers la fin du XVIIe siècle, ne s'étendait encore qu'à sept paroisses, et qui s'accrut postérieurement des douze paroisses dont se composait la subdélégation de Bazouges, avant sa suppression.

Cependant, malgré son importance relative, cette petite ville n'eut jamais de communauté. Il est vrai qu'elle se fit représenter aux Etats tenus à Rennes en

1571, mais elle ne dut sans doute ce privilège qu'à des circonstances exceptionnelles, car ce ne fut que plus tard, à la session des Etats de 1614, qu'on lui reconnut, ainsi qu'à Bazouges, le droit de députer, — droit, du reste, dont elle ne jouit jamais.

ANTRAIN.

I.

Histoire locale.

Antrain tire probablement son nom de sa position entre le Couesnon et la rivière de Loysance : *inter amnes*. Cette étymologie est si simple, si naturelle qu'elle semble la vraie et que tout le monde l'admet sans conteste. Malgré cela, — ou plutôt à cause de cela même —, quelques savants, à la façon des docteurs en *us* d'autrefois, se sont crus consciencieusement obligés de se mettre à la torture et d'aller chercher bien loin l'origine de ce mot. Oh ! les savants, — les savants !!

Cette petite ville n'a pas d'histoire : tout ce qu'on en sait, c'est que la bataille d'Azincourt fut pour elle une sorte d'accroissement et que les troupes du connétable s'y rallièrent après la défaite de St-James-de-Beuvron.

Malgré sa position sur le sommet d'une colline qui commande le passage du Couesnon, Antrain n'était, suivant l'expression de l'abbé Manet, qu'une « villette sans clôture. » Mais nous croyons que, si elle n'avait pas une enceinte de murailles, elle était entourée au moins d'une ligne de fossés profonds dont on peut encore suivre la trace à travers les chemins de *Roulet*, des *Douves*, etc ; au bas de cette dernière ruelle, dont le nom n'est pas sans signification, ces fossés se bifurquaient, et l'on remarque, au point de séparation, une sorte de mamelon qui domine la vallée de Loysance et sur lequel s'élevait peut-être la citadelle construite par les ducs de Bretagne, et dont il ne reste plus aucun vestige. Ce n'est là, sans doute, qu'une hypothèse, mais qui semble confirmée d'abord par la position du pont de Loysance, reconstruit sur les ruines d'un pont beaucoup plus vieux et qui se présentait dans un plan oblique, pour que la citadelle put le prendre en écharpe, — et ensuite par une construction très-ancienne et fort curieuse située, sur la droite, au bas de la rue de Pontorson. Cette maison, qui tombe en ruines et qu'on a, dit-on, l'intention de restaurer, est remarquable non seulement par les figurines en bois et les sculptures en granit qui décorent sa façade, mais encore par une fenêtre dont on a changé la forme depuis quelque temps et qui, percée en meurtrière, semblait là tout exprès pour défendre le passage de Loysance. (1) L'épaisseur de ses murs du côté de la rivière lui permettait de soutenir une attaque et d'offrir à l'ennemi quelque résistance.

Il faut franchir tout l'intervalle qui sépare le XVe siècle de la Révolution française pour trouver dans l'histoire une mention d'Antrain.

(1) Cette maison porte le nom de Saint-Christophe, et la façade porte encore la statue de ce Saint. Au-dessus de la porte est une inscription dont nous n'avons pu lire que le premier mot : Jehan.

C'est à peu près le seul spécimen des constructions moyen-âge que possède Antrain : cependant, parmi les plus vieilles maisons de la ville, nous devons en signaler une vers le milieu de la rue de Paris, sur la gauche, et qui porte la date de 1675 et des outils de forgeron gravés sur une pierre.

Les Girondins proscrits y passent, en 1793, sous la protection du bataillon du Finistère, et sont bien accueillis des habitants.

Dans la même année, l'armée vendéenne, marchant sur Granville, se détourne de sa route, s'empare d'Antrain, après une vive résistance, et l'abandonne bientôt pour se diriger sur Dol. C'est à ce moment que, pour couper à l'ennemi, le chemin de la retraite, Kléber veut faire fortifier Antrain à la hâte : mais, à la nouvelle que les républicains occupent cette ville et menacent de s'y établir, les royalistes reviennent sur leurs pas, et massacrent une partie de l'arrière-garde de l'armée de Kléber, qui se retire sur Rennes, après avoir subi des pertes considérables. (1)

Cette victoire fut un malheur pour les habitants, car les troupes vendéennes leur communiquèrent le germe d'une épidemie qui les décimait et qui fit plus tard d'affreux ravages.

Vers la même époque, se dénouait, par la mort du marquis Tuffin, au château de la Guyomarais, la fameuse conspiration de la Rouerie, qui attira sur le pays d'Antrain l'attention et les rigueurs du nouveau gouvernement.

II.

Eglise.

L'église d'Antrain est une des plus anciennes du canton et appartient évidemment à l'époque de transition. Le mur nord de la nef, avec ses deux fenêtres en

(1) Un des épisodes de ce combat eut probablement pour théâtre le champ de la *Santé*, dans lequel on a trouvé, il y a quelques an-

meurtrières, semblerait indiquer peut-être une antiquité plus reculée ; mais les autres parties de l'édifice ne remontent pas au-delà du XIIe siècle, ainsi que le prouvent l'emploi simultané de l'ogive et du plein cintre et la confusion des styles roman et gothique dans les chapiteaux qui surmontent les faisceaux de colonnes du transept. La fenêtre en lancette percée au-dessus de la porte ouest, cette porte elle-même aussi bien que celle du côté sud en sont une nouvelle preuve : elles ont, du reste, plus d'un point de ressemblance avec celles de l'église de Pontorson, qu'on attribue généralement à l'époque que nous avons citée.

Cet édifice fut donc reconstruit, au moins en grande partie, à la fin du XIIe siècle, vers le temps où Hubert, évêque de Rennes, obtint de l'abbé de Marmoutiers le patronage et la moitié des oblations de l'église d'Antrain.

L'intérieur n'offre rien de curieux que des restes de peintures sur bois, dont l'ancien abside porte encore la trace, et le vitrail du maître-autel dont les couleurs sont un peu pâles peut-être, mais dont le dessin n'est pas sans mérite.

III.

Hospice.

Antrain offre un exemple frappant de ce que peut faire, même en peu de temps, une administration intel-

nées, des ossements dont l'inhumation semble remonter à cette époque.

C'est alors aussi que fut brûlée la plus grande partie des archives d'Antrain : le reste fut recueilli et transmis par M. Duhil, alors receveur des Domaines, à la Préfecture d'Ille-et-Vilaine.

ligente et dévouée, forte de sa popularité et du concours de l'autorité supérieure.

Elle possédait deux excellentes institutions : un service de pompiers et un comice agricole; mais il lui en manquait une troisième, — un hospice. Les malades indigents mouraient autrefois dans les écuries, sous les granges, quand la charité de quelques familles ne leur venait pas en aide et ne leur procurait, avec un asile, un peu de pain. Justement ému de cette malheureuse situation, le Maire actuel, M. Tenières, résolut d'y porter remède et, accompagné de quelques hommes aimés de toute la population, M. Miniac, curé, et MM. Lehérissé et Lavasselais, conseillers municipaux, il alla lui-même de porte en porte, pour recueillir des souscriptions. Son appel devait être entendu : hâtons-nous de dire qu'il l'a été. A part deux ou trois malhereuses exceptions, tout le monde a donné, et donné généreusement : M. le Préfet toujours sympathique à ce qui peut améliorer la position de la classe indigente, a promis de son côté, de venir en aide à la ville, de sorte qu'au printemps prochain doivent commencer, dit-on, les travaux du nouvel hospice. [1]

Si nous ne connaissions la modestie de M. le Maire d'Antrain, nous lui dirions qu'il doit être heureux et fier à la fois d'attacher son nom à une pareille œuvre. Il n'en est pas, du reste, à son premier service, et nous n'avons pas besoin de rappeler la part qu'il a prise, par ses démarches pressantes et sa correspondance, à l'adoption du projet de rectification des côtes du Couesnon, — rectification qui sera doublement profitable à la localité en ce qu'elle rendra les communi-

(1) Un recteur d'Antrain avait conçu, il y a plus de quarante ans, le projet de créer un hospice pour les pauvres, et le 8 décembre 1825, le conseil municipal vota des fonds pour l'acquisition d'un local : mais par suite de circonstances que nous ne connaissons pas, on ne donna pas suite à cette décision.

cations plus faciles et procurera pendant plusieurs mois du travail aux ouvriers qui n'en ont pas.

IV.

Commerce.

Antrain n'a pas eu, de tout temps, le mouvement commercial qui en fait un des plus riches chef-lieux de canton de l'arrondissement de Fougères. Le commerce des grains et des farines, qui s'y pratique sur une très-grande échelle, ne date, à proprement parler, que d'une vingtaine d'années, c'est-à-dire de la construction de minoteries mécaniques sur le Couesnon et la petite rivière de Loysance. Le premier établissement de ce genre fut construit, au Vivier, par M. Delarue, qui l'exploite encore aujourd'hui : quatre autres se sont élevés depuis cette époque, et, pour donner une idée de leur importance, il nous suffira de dire que le propriétaire de l'une de ces usines paie, chaque année, pour le transport de ses produits, plus de vingt-cinq mille francs.

Quant à la fabrication des tissus rayés, qui occupent encore dans le pays une nombre considérable d'ouvriers, il est probable qu'elle n'est pas nouvelle, puisqu'une des plus anciennes rues de la ville porte le nom de la *Tisseranderie*.

C'est cette extension progressive du commerce qui a quelque peu changé la face d'Antrain et lui a donné une aisance relativement supérieure à celle des localités de même ordre. Autrefois, et nous ne parlons que d'un demi-siècle, cette petite ville était sans vie, et les habitants ne s'occupaient que de cultiver leurs champs : c'était au point qu'en 1801, lorsqu'il s'agit d'appliquer la loi somptuaire, le conseil municipal, chargé de dresser la liste des personnes soumises à cette contribution, ne trouvèrent dans toute la commune qu'une seule personne, Madame Tuffin de Ses-Maisons, qui eût une domestique à son service : quant aux voitures de luxe, il n'en existait pas. (1)

V.

Couesnon et Loysance.

Le Couesnon, qui prend sa source à la fontaine des Couesnettes (Mayenne), et se jette dans la Manche, à travers les grèves du Mont-Saint-Michel, après un parcours de huit myriamètres (2), n'est pas toujours aussi riant ni aussi tranquille qu'on le voit, en été, par exemple, quand ses eaux suffisent à peine à mettre en marche les nombreuses usines que l'industrie a

(1) Ce fait, assez curieux à notre avis, est consigné dans une délibération du conseil municipal du 16 messidor an IX ; l'administration supérieure, ne pouvant y croire, accusa la municipalité d'Antrain de négligence et de mauvaise volonté, ainsi que cela ressort d'une délibération postérieure.

(2) La fontaine des Couesnettes est située dans la commune de Dompierre-des-Landes.

Le Couesnon traverse presque tout l'arrondissement de Fougères et baigne les communes de Luitré, la Selle, Beaucé, Fougères, Javené, Lécousse, Romagné, Billé, Vendel, la Chapelle-Saint-Aubert, Saint-Jean, Saint-Man, Mézières, Vieux-Vy, Saint-Ouen-des-Alleux,

élevées sur ses bords : quelquefois, surtout après les grandes pluies d'hiver, il sort de son lit et inonde, en causant de grands ravages, les magnifiques prairies qu'il traverse.

Les dommages causées par ces débordements, non moins que l'intérêt du commerce et de l'agriculture, ont fait penser, pendant longues années, à détourner ce petit fleuve, si capricieux, à régulariser son cours et à dessécher ainsi, pour les labourer, de vastes étendues de terrain.

Vauban, le premier, voulut le dériver et lui ouvrir un lit à travers les marais de Dol, pour le jeter dans la Rance un peu au-dessous de Châteauneuf : mais ce projet gigantesque n'eut pas de suite.

Cependant, en 1793, la question fut posée de nouveau et l'on décida qu'on le dirigerait, au moyen d'un endiguement, à l'est du Mont-Saint-Michel.

Ce ne fut toutefois, qu'en 1804, que cette entreprise eut un commencement d'exécution : la compagnie Combes et Quinette se chargea des travaux nécessaires, évalués un million, moyennant 400,000 francs, payables moitié par l'Etat, moitié par les propriétaires des marais de Dol, et l'abandon par l'Etat aux adjudicataires des lais et relais de mer qu'ils pourraient conquérir. Mais la compagnie ne put tenir ses engagements, et c'est bien postérieurement qu'on a creusé le canal de dérivation actuel et construit les digues

Romazy, Saint-Remy-du-Plein, Rimou, Bazouges-la-Pérouse, Tremblay, La Fontenelle, Antrain, Sougeal, Pleine-Fougères, Saint-Georges-de-Gréhenne et Roz-sur-Couesnon : il sépare, dans la dernière partie de son cours, la Bretagne et la Normandie.

Il est très-poissonneux et l'on y pêche le saumon à certaines époques de l'année.

Ses bords sont très-accidentés, pleins de pittoresques, et l'on y trouve plus d'un site, qui, comme la vallée de l'Angle par exemple, rappelle les rives de la Rance.

d'encaissement qui sont à peine terminées aujourd'hui et qui ont coûté, dit-on, des sommes considérables.

Une autre question qui est la conséquence de la première, c'est la canalisation du Couesnon.

Ce petit fleuve était naviguable avant 1789, et c'était au port de l'Angle, près d'Antrain, que se faisaient l'embarquement et le débarquement des marchandises : mais les travaux d'entretien que l'Etat opérait annuellement ayant été suspendus pendant la Révolution, la navigation devint bientôt complètement impossible. Depuis cette époque, on a fait, pour la rétablir, des essais qui sont demeurés infructueux, parce qu'ils étaient incomplets et mal calculés : pour rendre le Couesnon navigable, il ne suffit pas d'enlever les sables qui l'encombrent et qui s'accumuleront toujours, tant qu'on n'aura pas redressé son lit et fait disparaître les sinuosités de son cours.

Ce serait là, certes, un progrès immense, incalculable, qui doublerait la prospérité de ce pays. Les engrais, que les cultivateurs sont obligés d'aller chercher à grand renfort de chevaux dans les grèves de Moidrey, leur arriveraient plus facilement et à bien moins de frais : d'un autre côté, les usines qui se multiplient autour d'Antrain, auraient pour le transport de leurs produits plus d'avantages et de commodités.

Quant à la petite rivière qui s'appelle Loysance, elle est moins capricieuse que le Couesnon, dont elle est tributaire, et, tout en arrosant, sans les inonder jamais, les vallées fertiles qui la bordent, elle se contente modestement de faire tourner tant bien que mal les dix ou quinze minoteries échelonnées sur son passage. (1)

(1) Loysance prend sa source dans la commune du Châtelier, traverse Saint-Germain, Saint-Etienne, Saint-Brice, Cogles, Trem

VI.

Bonne-Fontaine.

En arrivant à Antrain par la route de Bazouges-la-Pérouse, le voyageur aperçoit, — sur l'arête d'une colline boisée qui longe la rive droite du Couesnon, — un château moyen-âge, qui montre, au-dessus d'un massif de sapins et de maronniers, ses deux tourelles et son vieux toit : c'est Bonne-Fontaine, la principale, ou, pour mieux dire, la seule maison seigneuriale d'Antrain.

La construction de ce château remonte au milieu du XVIe siècle : ce fut, en effet, en 1550, que Henri II donna l'autorisation de l'élever à Pierre, seigneur de la Marzelière, qui venait d'épouser Françoise de Pontorson, dame du Vivier et de Fonne-Fontaine. Par lettres-patentes datées de 1551, le roi permit d'y établir un marché et quatre foires franches par année.

Ce Pierre de la Marzelière avait sans doute rendu de grands services à l'Etat, car l'histoire rapporte qu'il reçut l'ordre de la chevalerie et fut décoré de la main même du roi, — distinction flatteuse que les gentilshommes recherchaient avec beaucoup d'empressement. Ce n'était pas, du reste, une faveur ordinaire que le titre de chevalier à cette époque, — et, pour avoir une juste idée de l'estime que les seigneurs en faisaient, il faut lire ce qu'en disent Louis du May, dans son Etat de l'Empire et André de la Roque, dans son Traité de la noblesse.

blay, Saint-Ouen-la-Rouerie et Antrain, et se jette dans le Couesnon un peu au-dessous de cette dernière ville ; elle met en mouvement une quinzaine de minoteries.

Le premier raconte que les souverains, dont les finances commençaient à s'épuiser, n'étant plus assez riches pour payer les services ou récompenser dignement les belles actions de leurs sujets, inventèrent cet ordre, qui leur permettait de s'acquitter sans bourse délier. — C'est, comme on voit, l'histoire de tous les ordres créés depuis par les divers gouvernements de tous les pays. On crie de nos jours, — et certes on n'a pas tout-à-fait tort, — contre l'ambition puérile et ce qu'on appelle la sotte vanité de certaines gens qui courent, durant toute leur vie, après un petit bout de ruban que souvent ils ne peuvent attraper ; le mal, hélas ! n'est pas nouveau : que ne faisait-on pas, au moyen-âge, pour l'accolade de chevalier ? Il est vrai que la chevalerie donnait droit à de nombreux privilèges et rehaussait singulièrement celui qui en était revêtu : elle était en si grande considération, qu'au dire d'André de la Roque, les enfants des seigneurs et même des princes, s'ils n'étaient chevaliers, n'étaient pas admis à manger avec leur père, et que les grands ne pouvaient, sans compromettre leur dignité, recevoir à leur table de simples écuyers.

Un fait digne de remarque se rattache encore à cette famille de la Marzelière : la première élection dont l'histoire de Bretagne fasse mention est, en effet, celle de Renaud de la Marzelière, vicomte du Fretay, baron de Bonne-Fontaine et de Bain, qui fut élu par les trois ordres pour présider les Etats assemblés à Rennes, en 1586. C'était en faveur de ce dernier, que, vers 1558, Henri III avait érigé en baronie la terre de Bonne-Fontaine.

L'ancienne demeure des Marzelière n'est pas mal conservée, et porte assez bien, ma foi, les trois siècles qui pèsent sur sa tête : le propriétaire actuel projette, dit-on, de la restaurer et de lui rendre au moins un peu de sa splendeur passée. Mais les fossés sont encore comblés ; un pont de pierre donne un trop facile passage là où se levait et s'abattait autrefois le pont-levis, et les étangs, tristes et délaissés, regrettent l'heureux temps où leurs eaux portaient, dans d'élégantes nacelles, les riches et joyeuses châtelaines d'alentour.

Mais ce qu'on n'a pu et ce qu'on ne peut enlever au manoir de Bonne-Fontaine, ce sont ses fourrés si ombreux, ses coulées si pittoresques, et ce silence poétique qui n'est interrompu que par le bruissement du ruisseau et le monotone tic-tac d'un moulin ; — c'est surtout sa position magnifique au sommet d'un coteau, d'où l'œil se repose sur les vastes prairies du Couesnon et de riches vallées couvertes de bois au milieu desquels la jolie maisonnette du Val et la modeste tour de La Fontenelle semblent ne se laisser voir qu'à regret. (1)

Bazouges-la-Pérouse.

Des dix communes dont se compose actuellement le canton d'Antrain, Bazouges-la-Pérouse, qu'Albert le Grand appelle Bazouges-la-Pierreuse, à cause de la nature de son sol, est, sans contredit, celle qui joua, vers le XVIe siècle, le rôle le plus important : c'était une paroisse considérable, qui possédait, ainsi que nous l'avons dit plus haut, une juridiction royale, que Charles IX réunit au siège de Fougères, et une subdélégation de l'intendance qui fut plus tard supprimée et jointe à celle d'Antrain.

(1) Bonne-Fontaine et ses dépendances appartenait, après la Révolution, à M. de Trégomain, qui l'a vendu depuis 400,000 francs à M. de Guitton.

Du temps d'Ogée, la ville relevait encore directement du roi, et, indépendamment de celle qui lui appartenait, il s'y exerçait deux haute et moyenne justice : celle de la maîtrise des eaux et forêts dite de Vilcartier, et celle de M. du Tiercent-de-la-Ballüe.

Le prieuré était primitivement la propriété du roi, qui le donna, en 1541, à Jean Clercé, évêque de Macerat et archidiacre de Dinan : la cure était, comme celle de Saint-Remy, à la présentation de l'abbé de Rillé, et le titulaire était toujours choisi parmi les chanoines réguliers de l'ordre de Saint-Augustin.

Les archives ayant été brûlées, en 1793, par les Vendéens qui jugèrent à propos d'en faire un feu de joie sur la place de la Poterie, autour du chêne de la liberté, l'on n'en saurait guères d'avantage sur le compte de cette paroisse qu'on n'en sait sur Antrain, si l'on n'avait pu conserver une copie d'un vieux registre tenu par les trésoriers et qui contient quelques dates et quelques renseignements assez curieux.

Ce registre, qui remonte jusqu'au XVIe siècle, nous apprend qu'en 1568, on réédifia le chanceau de la chapelle Saint-Georges, — c'est-à-dire probablement la partie basse de l'église, puisque l'autre partie est antérieure à cette époque.

En 1783, la peste se déclare dans le pays, et fait de tels ravages que, par ordonnance de justice, on célèbre dans la chapelle du Pèlerin, une messe pour les pestiférés, de peur qu'ils communiquent aux autres la maladie dont ils sont atteints.

Bazouges n'avait encore, à cette date, aucune fortification, car nous voyons que, cinq ans plus tard, les sieurs Delaunay et la Vallée sont députés vers le duc de Mercœur, gouverneur et lieutenant-général en Bretagne, pour demander l'autorisation de fortifier la ville, ce qui leur est accordé.

Deux ans après, de Montbarot, gouverneur de Rennes, accompagné de son frère et de cent cinquante hommes, presque tous anglais, arrive à l'improviste dans l'intention de surprendre et d'enlever La Villeblanche, capitaine de Mercœur ; mais ce dernier prend la fuite, et Montbarot, pour se venger de son échec, permet le pillage à ses soldats, qui dévastent la ville, brisent les portes de l'église, profanent et volent les vases sacrés.

Pour conserver les vitraux, que les anglais logés dans la ville menacent de briser, les habitants leur paient d'abord une indemnité de 180 livres et les chassent ensuite, avec l'aide des habitants de Marcillé-Raoul : les Suisses arrivent et exigent, à leur tour, une assez forte indemnité moyennant laquelle ils se retirent.

Trente ans plus tard, en 1627, Bazouges refuse d'aller faire les charrois imposés par le maréchal de Thémines pour la construction du château de Fougères : mais le maréchal y envoie des troupes, et les récalcitrants sont enfin obligés de payer une contribution pour se soustraire à cette corvée.

A partir de cette époque, l'histoire ne dit rien de ce qui s'est passé à Bazouges, jusqu'au moment de la Révolution. Cette petite ville eut alors, comme tant d'autres, sa bonne part de désordres, d'excès et de scandales : l'église fut réduite à servir d'écurie, et, il y a quelques années à peine, on voyait encore sur les pierres de la voûte la trace des flammes que les profanateurs avaient allumées dans le vieux temple.

L'église de Bazouges-la-Pérouse n'a rien aujourd'hui de bien extraordinaire et ne diffère des autres églises du canton que par la richesse de son ornementation intérieure ; mais, il y a quelque trente ans, la prodigieuse irrégularité de sa construction en faisaient la plus originale, — disons le mot : la plus incompréhensible de tout le royaume.

Elle se composait, dit une note que nous avons sous les yeux, de six nefs parallèles, toutes de longueur, de largeur et de hauteur différentes : ajoutez à cela que tous les angles étaient de fausse équerre et qu'il y avait entre chacune des nefs une différence de niveau assez considérable, et vous aurez une idée de ce qu'était cet édifice avant sa restauration.

Quand même le registre des trésoriers, que nous citions tout-à-l'heure, ne serait pas là pour l'attester, l'ancienne distribution de l'église prouverait évidemment qu'elle a été bâtie à plusieurs époques et sans plan arrêté. La voûte à nervures de granit qui se trouve à l'entrée de la porte latérale est la partie la plus ancienne et semble remonter à la fin du XIIIe siècle : la plus récente est l'ancien chanceau de la chapelle Saint-Georges qui fut reconstruit de 1568 à 1574, ainsi que l'indique la date écrite sur une magnifique verrière encadrée dans deux fenêtres ogivales et qui représentent, dans une série de 12 tableaux généralement bien dessinés, diverses scènes de la vie du Christ.

La restauration de cet édifice fait honneur au zèle et au goût du prêtre qui l'a entreprise : le maître-autel, les stalles et les deux autels latéraux sont l'œuvre d'un artiste rennais : la chaire vient de Reims. Nous les recommandons aux amateurs de sculptures sur bois. (1)

A part son église, Bazouges n'a rien qui mérite d'être visité, si ce n'est la Ballüe. Ce château, situé dans une belle position, ne date que du XVIIe siècle :

(1) L'église de Bazouges avait autrefois des orgues, que la paroisse avait achetés en 1634, chez les Jacobins-de-Bonne-Nouvelle, de Rennes, et qui coûtaient 750 livres : c'est ce que dit du moins le registre des trésoriers.

mais il a été élevé sur les ruines d'une ancienne maison seigneuriale qui était probablement fortifiée, puisque les habitants de Bazouges s'y retirèrent une première fois en 1590 pour échapper à la fureur des soldats de Montbarrot, la seconde fois en 1591, quand les anglais pillèrent la ville. [1]

Marcillé-Raoul.

La petite commune de Marcillé-Raoul est certainement la plus pauvre, — mais peut-être, sous quelques rapports, la plus curieuse des environs d'Antrain. Elle a, d'ailleurs, une physionomie toute particulière, qui contraste singulièrement avec le reste du canton.

Le sol y est généralement mauvais et ne rend pas au centuple le grain qu'on lui confie ; le pays est pauvre, les maisons tristes, les habitants un peu farouches, surtout dans les villages perdus au fond des terres ; et cependant, chose surprenante ! c'est là que sont gardés le plus religieusement les anciens souvenirs, bons et mauvais. Seule peut-être de tout le département, Marcillé-Raoul conserve avec soin le premier drapeau tricolore qu'elle reçut et sur lequel on lit encore, autour du bonnet phrygien, ces grands mots, si drôlement interprétés par les républicains de tous les temps et de tous les pays : « *patrie et liberté.* » [2]

(1) Cette maison renfermait de jolies boiseries en chêne, qui ont été enlevées, il y a une quarantaine d'années, quand M. Clairette fonda une verrerie à la Balüe.

(2) Ce drapeau est en soie : sur le fond, qui est rouge et bleu, se détache une grande croix blanche, au milieu de laquelle est

D'histoire, — il ne faut pas en demander à Marcillé-Raoul. Elle sait seulement que, tout près de son bourg, en 1136, le duc de Bretagne, Conan-le-Gros, livra une bataille, qu'il perdit, à Olivier de Pontchâteau et quelques autres seigneurs rebelles. Cependant on remarque, sur son territoire, notamment à la butte du *Chatel,* des restes de fortifications en terre qui prouvent que cette bourgade avait, dans des temps reculés, une certaine importance militaire. En tout cas, les habitants de Marcillé étaient patriotes et braves, et, pour le démontrer, il suffirait de rappeler le concours qu'ils prêtèrent spontanément à leurs voisins de Bazouges, en 1591, pour repousser les anglais qui menaçaient de nouveau de piller leur église.

Marcillé n'a qu'une petite église, qui, nous n'avons pas besoin de le dire, ne ressemble aucunement à Notre-Dame-de-Lorette, ce dont il faut se donner garde de la plaindre. Mais l'archéologue la visitera avec plaisir, parce qu'elle présente des parties fort anciennes d'architecture romane. Le mur de la nef, dans lequel on remarque de nombreux fragments de briques probablement romaines, et une porte romane placée de ce côté, remontent au-delà du XIe siècle; le bas de l'église et l'autre partie de la nef portent la date de 1669; quant au chœur il est tout-à-fait moderne et fut construit par le Maire Butel, en 1788.

peint un bonnet phrygien entouré de guirlandes de chêne reliées au bas par un nœud tricolore. Il porte les inscriptions suivantes :

République française.
Patrie et liberté.
Paroisse de Marcillé-Raoul,
1790.

La Fontenelle.

Nous avons peu de chose à dire de cette paroisse : cependant en feuilletant les anciens registres qui remontent jusqu'au xve siècle (1), nous avons trouvé mention d'un fait dont il n'est pas permis de douter, mais qui paraît au premier abord bizarre et presque inexplicable.

Le 20 septembre de l'année 1658, « Monseigneur l'évesque et comte de Dol » vint à La Fontenelle, accompagné de l'évêque de « Sinibourg » (?) qui voyageait alors en Bretagne, et, en présence des paroisses de Rimou et de Saint-Remy qui avaient été convoquées à cette réunion, ce dernier prélat conféra solennellement les ordres sacrés dans la petite église bâtie, un siècle auparavant, par le recteur Hubanet : nous avons sous les yeux le procès-verbal de cette cérémonie dressé, sur le registre des naissances, par messire Mazure, qui était, à cette époque, titulaire de la cure de La Fontenelle.

Quel était le motif de la visite de deux évêques et de cette ordination solennelle dans une simple paroisse? Nous l'ignorons et ne pouvons même faire à cet égard aucune conjecture. Il est à croire, seulement, que La Fontenelle avait quelque importance, car nous voyons qu'en 1659, Pierre de la Cornilière, sieur de la Maillardais, y est nommé recteur et reçoit, peu de temps après, le titre de chanoine de l'église cathédrale de Saint-Malo.

(1) Il serait à désirer que l'autorité supérieure fit classer avec soin les vieux registres, dont certains Maires ne comprennent pas le prix, et qui sont quelquefois non-seulement d'une très-grande utilité pour les familles, mais très-curieux au point de vue de l'histoire locale.

Les dîmes appartenaient aux chanoines de Dol qui les ont conservées jusqu'en 1791. Le 29 mars 1786, le chapitre les afferma moyennant 325 livres : mais les fermiers ne purent jouir du bail que pendant cinq ans, attendu la suppression de la dîme au moment de la Révolution.

Cet événement, qui termina le siècle dernier en ouvrant une ère nouvelle à la France, passa sans amener aucun incident remarquable dans le pays de La Fontenelle, si ce n'est le départ du curé, qui montra, dans ces jours dangereux, un courage digne des plus grands éloges. Malgré les symptômes effrayants qu'il observait autour de lui, malgré le départ de la plupart de ses confrères et les menaces qui lui arrivaient chaque jour, ce saint prêtre ne quitta son poste qu'en août 1792, c'est-à-dire quand il en fut chassé par la force armée de ce temps-là.

C'était le jour de l'Assomption, nous raconte un témoin oculaire de cette scène vraiment émouvante ; l'abbé Leboz fit sonner la messe comme autrefois et la célébra, malgré les conseils de ses amis qui craignaient, avec raison, que sa fermeté lui devint fatale. Puis il déclara publiquement qu'ayant été nommé par le légitime évêque, il saurait se conduire et mourir, s'il le fallait, en vrai prêtre, adjurant ceux qui l'écoutaient de vivre en paix et de rester toujours unis. A peine avait-il terminé ses adieux à ses anciens paroissiens, qu'on entendit des cris au dehors ; c'était la garde nationale d'Antrain qui amenait à l'église, pour l'y installer, le prêtre intrus, nommé Vallée Bernardin, naguères moine à l'abbaye de Savigné.

Le vieux recteur ne pouvait résister plus longtemps. « On arrache, ajouta-t-il les larmes aux yeux, — on arrache au troupeau son pasteur : fasse Dieu qu'il ne soit pas dévoré par les loups ! » Et il descendit lentement de la chaire... A ce moment les soldats parurent aux portes et imposèrent le nouveau ministre à la population effrayée : quant à M. Leboz, il émigra en Angleterre, où il mourut.

Le moine Vallée occupa l'église jusqu'au passage des Vendéens, en novembre 1793 ; plus tard il fit une rétractation et racheta, par une vie édifiante, une erreur qu'il pleura amèrement jusqu'à son dernier jour.

Le premier prêtre qui lui succéda fut M. l'abbé Dory, nommé recteur après le Concordat, en 1801 : peu de temps après, cette paroisse fut supprimée et réunie à celle d'Antrain, mais elle conserva son desservant jusqu'à la mort de l'abbé Dory, arrivée le 10 mai 1813. Ce ne fut que six ans plus tard que La Fontenelle fut érigée de nouveau en succursale.

La tradition rapporte que, dans ses visites pastorales, l'évêque de Dol ne descendait jamais au presbytère et couchait dans une maison qui lui appartenait et que l'on voit encore, sur la gauche, au bas de la côte du Val.

Saint-Remy-du-Plein.

Si vous avez suivi quelquefois la route de Rennes à Antrain, vous avez remarqué, sans doute, de l'autre côté du Couesnon, sur le sommet d'un plateau nu comme une lande, un bouquet de platanes au-dessus duquel s'élance la flèche d'une église : c'est le bourg de Saint-Remy-du-Plein, ancienne paroisse qui ressortissait à Bazouges et dependait en dernier lieu de l'évêché de Dol.

L'église, si modeste qu'elle soit, vaut cependant la peine d'être visitée et frappe tout d'abord par la disparate des styles. Le pignon auquel sont percés deux fenêtres en lancette, semble remonter aux derniers temps de l'époque romane, tandis qu'on trouve l'ogive parfaitement dessinée dans les arcades et la fenêtre de la chapelle latérale.

A peine aurez-vous franchi le seuil de cet édifice, que vous reconnaîtrez, à sa distribution et surtout à la porte qui communique avec les bâtiments servant actuellement de presbytère, qu'il devait dépendre autrefois d'un monastère ou d'une collégiale : la cure de Saint-Remy, qui appartint d'abord aux moines de Rillé et qui tomba plus tard à la présentation de l'évêque de Dol, était, en effet, un prieuré dont l'origine paraît fort ancienne.

Ce prieuré était-il ségulier ou régulier?

Nous avons trouvé cette question résolue dans un vieil aveu faisant partie des archives du bureau d'enregistrement d'Antrain. Cet acte, du 20 janvier 1782, contient une déclaration faite en séance publique par le général de Saint-Remy-du-Plein, à l'occasion d'un procès qu'il soutenait à Rennes, et de laquelle il résulte que le prieuré a été possédé par les chanoines réguliers jusqu'en 1778, époque à laquelle il avait pour titulaire messire Jacques Leroy, auquel ce bénéfice avait été présenté par l'évêque de Dol.

Dès ce temps-là, du reste, ce prélat faisait à Saint-Remy-du-Plein des visites annuelles, et, ce qui paraît singulier, c'est que ces visites semblent avoir eu lieu à jour fixe, le 8 septembre. Une autre particularité assez curieuse encore, c'est que, de 1779 à 1782, le recteur de Rimou était, chaque année, nommé par l'évêque pour vérifier et examiner les comptes de la paroisse de Saint-Remy, dont le curé a repris alors le nom de prieur qu'il ne portait plus quelques années auparavant dans plusieurs actes que nous avons parcourus.

La construction de l'église appartient évidemment à des dates différentes. La partie primitive et le haut de la nef; la chapelle qui s'ouvre sur le chœur par deux belles arcades à ogives est postérieure et remplaçait sans doute, pour les chanoines du prieuré, ce qu'on appelle dans les couvents le chœur-des-dames. Quant au bas de la nef, il n'a été construit qu'en 1693, ainsi que l'apprend une inscription placée au-dessus des écussons qui décorent la porte principale.

Saint-Remy-du-Plein possède, en outre, deux beaux spécimens d'orfèvrerie religieuse au moyen-âge : un calice et une croix de procession.

La croix (style renaissance) porte, du côté du christ, les attributs des quatre évangélistes et, sur le revers, autour du patron de la paroisse, les quatre docteurs de l'Eglise. La boule sur laquelle elle repose, est garnie de médaillons sur lesquels on lit : † *de Saint-Remy-du-Plein* 1551.

Le calice est plus curieux encore sous le rapport artistique : il est peu élevé, et sa coupe, large et évasée, repose sur un pied entouré de petites colonnettes en balustre remarquables par la délicatesse et le fini du travail : autour du nœud se détachent huit médaillons portant le nom de Saint-Remy.

Ces deux objets furent cachés sous terre pendant la Révolution, et c'est ainsi qu'ils purent échapper à la fureur des iconoclastes de 93.

La famille de Montboucher possédait autrefois dans la paroisse de Saint-Remy-du-Plein, la Haie-d'Iré, le Plessix-Guet et Tréhait, qui formaient une haute-justice.

C'est dans les anciennes dépendances de la terre seigneuriale de la Haie-d'Iré que M. Duplessix-de-Grénédan fonda, en 1822, une verrerie importante, qui appartient actuellement à MM. Leclerc, de Fougères, et qui occupe, dans le pays, un certain nombre d'ouvriers. [1]

Noyal-sous-Bazouges.

Noyal-sous-Bazouges est une petite commune qui n'a rien de remarquable et dont l'histoire, si tant est qu'elle en ait, est tout à fait insignifiante.

Autrefois elle dépendait de la juridiction royale et de la subdélégation de l'intendance établies à Bazouges; mais, lorsqu'on réunit cette subdélégation à celle d'Antrain, vers la fin du dix-huitième siècle, elle fit partie de cette dernière jusqu'au moment de la Révolution.

La cure de Noyal était à la présentation du prieur de Saint-Denis, de Rennes.

Les seules maisons seigneuriales de cette ancienne paroisse étaient : le Beauvais-Moulienne, appartenant, en 1780, à Mlle Beauvais, et le Cartier, qui était, à la même époque, la propriété de M. de la Prévalais.

(1) On nous a montré, à peu de distance du bourg de Saint-Rémy, une éminence appelée la Butte-de-la-Cordonnais, et autour de laquelle on croit remarquer encore les traces d'anciens retranchements. Les uns pensent que les Romains avaient là un camp, et s'appuient sur la découverte, dans cet endroit, de médailles romaines en assez grand nombre : les autres pensent que la Butte-de-la-Cordonnais est tout simplement un reste de fortification du moyen-âge. Lesquels croire ? nous nous donnerons bien garde de répondre :

. . . . *Non nostrum tantas componere lites.*

Rimou.

Rimou n'est guères plus important que Noyal, et c'est à peine si l'histoire nous a conservé le nom de quelques-uns de ses seigneurs, qui, pourtant, occupèrent un certain rang aux XVIe et XVIIe siècles.

La principale maison noble était celle de Bois-Baudry, qui appartenait, en 1350, à Guillaume du Bois-Baudry.

Un membre de cette famille épousa, en juillet 1505, Isabeau, fille de Guillaume de Sévigné et de Montmorency : un autre devint plus tard chevalier de Malte. Enfin nous trouvons, vers 1670, un Gilles du Bois-Baudry, sieur de Langan, avocat-général au Parlement de Bretagne.

La terre de Montmoron qui, sur la fin du XIIIe siècle, appartenait à Jamet de Sévigné, devint plus tard la propriété de Jean de Montmoron, écuyer de la compagnie de Du Guesclin : elle fut érigée en comté au mois de février 1657. M. Du Hallay en était propriétaire quand éclata la Révolution.

L'église de Rimou a été bâtie il y a quelques années seulement : elle possède une fort belle croix, pareille à celle de Saint-Remy-du-Plein, dont nous avons parlé plus haut. (1)

(1) C'est bien peu de chose sans doute, au point de vue de l'architecture, que cette église de Rimou; mais avec quelle attention ne la regarderait-on pas, en passant près d'elle, si l'on savait qu'elle a été bâtie, en partie, par les deux prêtres de la paroisse, qui, aidés des habitants, se sont faits successivement terrassiers, maçons, menuisiers, peintres, tout enfin pour élever, dans leur commune, un petit temple à Dieu.

La cure était à l'ordinaire et dépendait, comme celle de Noyal-sous-Bazouges, de l'évêque de Dol.

Saint-Ouen-la-Rouerie.

I.

Saint-Ouen n'a rien que son château : ici, comme presque partout, au moyen-âge, l'histoire de la famille seigneuriale absorbait celle de la paroisse proprement dite.

La maison de la Rouerie est une des plus anciennes de la province : Oger rapporte que les cartulaires de Saint-Sauveur-de-Redon faisaient mention d'un Rivallon de la Rouerie, qui accompagna Conan-le-Tort, lorsque ce prince fit son entrée à Rennes, en 990.

Au commencement du XIIe siècle, Roger de la Rouerie épouse Raenteline, fille de Rivallon de Combourg, qui lui donne en dot un fief qu'il possédait à Saint-Ouen : Berthe, issue de cette union, se marie elle-même à Robert Tuffin, en 1140, et le duc de Bretagne, Conan III, assiste à la noce, ce qui prouve que cette famille était à cette époque en haute considération.

C'est de ce mariage que naquit le chevalier Raoul Tuffin, qui fut un des grands guerriers de son temps. Ses successeurs eurent leur sépulture dans l'église paroissiale avec leurs armes en lisière, autour du petit temple, à l'exception, toutefois, de la chapelle Saint-Nicolas, que le prieur de Combourg s'était réservée.

Mais ce qui a jeté un nouveau lustre sur cette maison et rendu le nom de la Rouerie célèbre dans l'histoire, c'est la conspiration qui eut pour chef le marquis Tuffin de la Rouerie.

II.

M. TUFFIN DE LA ROUERIE.

Armand Tuffin, marquis de la Rouerie, naquit au château de la Rouerie, [1] en Saint-Ouen, vers 1747. Il avait donc une trentaine d'années quand éclata la guerre de l'Indépendance, et, comme plusieurs autres gentilhommes, il s'embarqua pour l'Amérique, afin de s'ouvrir dans l'armée une carrière honorable. Il en revint peu de temps après et demeura quelques mois à Paris, où il connut très-intimement une comédienne célèbre, dont il eut un fils, qui porta son nom et fut tué pendant la Révolution.

De retour en Bretagne, il demanda la main de Mademoiselle Guérin, marquise de Saint-Brice, une des plus belles et des plus riches héritières du pays, que Marie-Antoinette avait failli marier au trop fameux chevalier de Parny; mais les amours du marquis avec l'actrice retardèrent cette union jusqu'en 1785, époque à laquelle Mme de Saint-Brice, consentit au mariage, après avoir payé à M. de Parny un dédit assez considérable. [2]

Mais à peine s'était-il écoulé quelques semaines, que la jeune mariée ressentit les premières atteintes d'une maladie organique qui nécessita son départ

(1) Le château de la Rouerie n'a rien de monumental et ressemble plutôt à une fabrique qu'à une maison seigneuriale : tout son mérite est donc dans les souvenirs qu'il rappelle.

(2) En épousant Mademoiselle de Saint-Brice, M. de la Rouerie devint le beau-père de M. le vicomte de Mirabeau, dont Mirabeau l'orateur disait si spirituellement : « dans toute autre famille, mon frère aurait été certainement un homme d'esprit. »

pour les eaux de Cotterets : M. et Mme Tuffin se firent accompagner par un jeune docteur, M. Cheftel, fils d'un médecin de Bazouges, auquel ils portaient un vif intérêt et qui se recommandait, d'ailleurs, autant par l'élégance de ses manières que par la distinction de son esprit. Ni les eaux de Cotterets, ni les efforts de la science, ni les soins affectueux de son mari ne purent arrêter les progrès du mal, et Mme de la Rouerie mourut au bout de trois ou quatre mois de souffrances, après avoir instamment demandé qu'on fit, après sa mort, l'autopsie de son cadavre. (1)

M. de la Rouerie revint alors à Paris, où il passait une partie de l'année : à l'époque de la chasse, il demeurait tantôt à son château, tantôt à Saint-Brice, et l'on raconte qu'il aimait si passionnément cet exercice qu'une fois, en compagnie de M. de Chasseloir, son beau-frère, il se rendit à Paris, à pied et en chassant le long du chemin. De temps en temps il allait à Rennes, où vivait sa mère, sœur du lieutenant-général de la Blinaye, qui mourut chez le prince de Condé, sous la Restauration.

Quant à M. Cheftel, qui joua plus tard, un rôle si odieux, il avait suivi son protecteur, au crédit et à la générosité duquel il dut d'être nommé médecin des Petites-Ecuries de Monsieur ; — charge dans laquelle il avait pour collègue le célèbre Marrast.

M. le marquis de la Rouerie, qui se trouvait en Bretagne, quand éclatèrent les premiers symptômes de la Révolution, était du petit nombre de ceux qui pensaient que le seul moyen de conjurer l'orage était d'accorder spontanément des réformes devenues né-

(1) Cette dernière recommandation, que l'on trouvera peut-être singulière, était inspirée à Mme de la Rouerie par la tendresse qu'elle avait pour une de ses nièces qui menaçait d'être atteinte de la même maladie.

cessaires : il avait même des opinions libérales, et, comme il exerçait sur tous ceux qui l'entouraient, une grande influence par sa bienfaisance, sa fortune et surtout par l'incontestable supériorité de son intelligence, il arriva que les nobles en devinrent jaloux et l'accusèrent de trop sacrifier aux idées nouvelles. Un banquet qu'il donna vers 1789, et dans lequel il avait pris une cocarde verte au lieu de la cocarde blanche qu'il portait d'habitude, fut l'occasion d'un grand scandale dans les châteaux d'alentour.

Nous arrivons à l'époque de la conspiration, dont il fut l'organisateur et le chef : mais nous devions donner, sur la première période de sa vie, des détails que nous croyons certains, et qui prouvent que le marquis de la Rouerie n'était pas un fanatique, comme on l'a dit, et qu'on a peut-être mal compris le but de ce vaste complot que la trahison fit échouer.

Que voulait M. de la Rouerie ? Une contre-révolution ? Non : quand même il l'aurait désirée, il aurait senti qu'elle était impossible. Ami du roi, pour lequel il avait un attachement qui allait presque jusqu'à la vénération, il ne songea à conspirer que lorsqu'il vit sa vie menacée, et, s'il organisa des correspondances actives avec les princes et les ministres anglais, c'était uniquement pour arracher l'infortuné Louis XVI à l'échafaud, vers lequel la Révolution le poussait impitoyablement.

C'était vers la fin de 1791, à l'époque où Rennes s'inquiétait des assemblées du Mail-Coquelin, que M. de la Rouerie conçut le projet de sauver le roi : il fit à plusieurs châtelains des environs des ouvertures qui furent accueillies avec ces illusions généreuses qui distinguent les nobles cœurs.

Les réunions, rares d'abord, devinrent plus fréquentes. On remarqua bien un mouvement inaccoutumé à la Rouerie, mais les agents du marquis donnèrent habilement le change aux badauds, et l'on crut qu'il s'agissait tout simplement d'une réunion de prêtres réfractaires, qui s'étaient retirés à Saint-Ouen.

Un jour pourtant, ou plutôt un soir d'hiver, un paysan vint se plaindre au château de je ne sais quel dommage causé par la meute du marquis et aperçut, dans les salons, un grand nombre de gentilhommes : cette réunion à une heure avancée et les mystères dont on l'entourait lui firent concevoir des soupçons qu'il se crut obligé de confier à l'autorité, et, quelques jours après, le Maire de la commune, M. Delalande, fut contraint d'aller lui-même donner au comité de Dol des explications qui calmèrent toutes les inquiétudes.

Cependant le complot marchait, et, le lendemain de cette aventure, un envoyé partait pour l'Angleterre, afin de se concerter avec Pitt sur les moyens d'agir : (1) cet homme, investi de tant de confiance, c'était le médecin Cheftel, qui, privé de sa charge, était venu demander à son bienfaiteur l'hospitalité.

Cheftel n'était qu'un traître : en revenant de Londres, il passa par Paris, confia son secret à son digne ami Morillon, et, quelques jours après, le gouvernement envoya 17 cavaliers, avec deux pièces de canon, 240 gardes nationaux et 50 dragons, sous le commandement d'un des membres du directoire du département, pour s'emparer du château de la Rouerie et arrêter le ci-devant marquis. Mais ce dernier, qu'on avait heureusement pu prévenir à temps, partit sous un déguisement, se retira dans les environs de Saint-Malo, d'où il gagna bientôt la Guyomarais. La perquisition prati-

(1) M. de la Rouerie correspondait très-souvent avec les émigrés et les Ministres d'Angleterre par l'intermédiaire de Mme G... de la M...., de Paramé, qui trouvait moyen de faire parvenir les lettres à ses deux frères, à Jersey.

quée dans les dépendances du château n'amena la découverte d'aucune espèce d'armes ni de munitions. (1)

M. Tuffin de la Rouerie conservait encore, malgré son échec, une lueur d'espoir : mais il ne put survivre au roi. Quand il apprit que l'échafaud s'était dressé pour Louis XVI, il fut atteint d'une fièvre chaude et mourut dans les derniers jours de 1793 : il fut enterré secrètement dans les jardins de la Guyomarais et ceux qui lui rendirent ce dernier devoir eurent la malheureuse idée de déposer, au pied de son cercueil, dans la fosse, un vase contenant la liste des conjurés et les papiers de la conspiration.

Cheftel n'était pas content : il n'avait pas encore assez trahi et il lui fallait pousser la perfidie et l'ingratitude jusqu'au cynisme. A la nouvelle de la mort de celui qu'il avait perdu, il part secrètement de Paris, arrive à la Guyomarais, creuse le sol, viole la tombe du proscrit, détache la tête du cadavre (2) et la porte aux bourreaux qui gouvernaient alors la France et qui durent le récompenser.... Il est triste d'ajouter que Cheftel mourut sous la Restauration, Maire d'une commune des environs de Paris, et comblé d'honneurs. (3)

(1) Il est à remarquer que, contrairement à leur habitude, les républicains font preuve, dans cette circonstance, d'une certaine modération. On craignait qu'ils missent le feu au château, et n'y commissent ces excès stupides qui marquaient si souvent leur passage : mais ils se bornent, au contraire, à mettre sous le sequestre les objets précieux qu'ils trouvent dans les appartements, sans briser même une seule vitre.

(2) Nous croyons pouvoir affirmer ce fait, que nous tenons de bonne source. En revenant de la Guyomarais, Cheftel passa par Saint-Malo, et coucha dans une maison particulière des environs de Paramé : c'est là que, pendant la nuit, l'indiscrétion d'une servante fit découvrir, dans une valise, la tête du malheureux marquis de la Rouerie.

(3) Cheftel avait épousé, pendant la Révolution, une actrice distin-

Tremblay.

Tremblay, dont Ogée ne dit presque rien, se recommande pourtant à l'attention des archéologues par sa vieille église, type curieux de construction romane, et quelques maisons qui offrent certaines parties assez intéressantes. (1)

Pour le touriste qui se promène et n'étudie que superficiellement les monuments qu'il rencontre, l'église de Tremblay n'est qu'un édifice insignifiant, dans lequel il ne trouve ni la moindre sculpture, ni le plus petit vitrail, et qui n'a même pas le mérite de la régularité : mais quand on y regarde de près, on y découvre une foule de détails remarquables, et il n'est pas jusqu'à la distribution qui ne plaise, parce qu'elle rappelle, quoique imparfaitement sans doute, le plan et l'ancienne distribution de nos grandes basiliques.

A quelle époque remonte sa construction ?

Le haut de l'église, — c'est-à-dire le transept, le chœur et une partie de la nef, — appartient au roman de la seconde période et fait croire qu'elle a été reconstruite presque aussitôt après les incursions des Normands qui dévastèrent ce pays durant les IXe et Xe siècles.

guée de la comédie française, chez laquelle son ami Grammont l'avait introduit.

On connaît le sort des 28 conjurés dont les noms figuraient sur la liste découverte dans la fosse de M. de la Rouerie : 13 furent acquittés ; 2 furent déportés ; les 13 autres furent condamnés à mort.

(1) L'une de ces maisons est située sur la route de Rennes et les touristes la reconnaîtront sans peine à la tourelle suspendue à l'un de ses pignons : l'autre, dont les fenêtres et la porte sont ornées de sculptures, se trouve sur le chemin de la Lande, un peu au-dessus de la Mairie.

Le reste est beaucoup plus récent, ainsi que le prouvent les fenêtres gothiques de la partie ouest : du reste, nous laissons ici la parole au savant auteur du *Cours d'archéologie religieuse* qui décrit bien mieux que nous ne saurions le faire, les différentes parties de l'église de Tremblay :

« Sa grande simplicité, dit M. l'abbé Brune, la teinte d'antiquité de ses murailles, ses contreforts droits et peu saillants, ses baies étroites et arrondies à leur amortissement, tout annonce qu'elle date d'une époque reculée.....

L'espace central entre les transepts et la nef sert de chœur et est formé d'arcades en plein cintre, dont une au moins a été reconstruite postérieurement. Les impostes des pieds droits sont simplement ornés d'un chanfrein, presque toujours caractéristique de l'époque romane dans nos constructions.

Au-delà du chœur s'ouvre un abside en hémycicle qui termine l'église d'une manière gracieuse, et présente un aspect auquel nous sommes peu accoutumés. Elle est voûtée en pierre, du moins dans la partie qui est un peu plus resserrée que les parois latérales. Cinq fenêtres très-étroites à l'extérieur et bordées en dedans d'une grosse moulure torique, l'éclairent d'une vive lumière, en sorte que l'œil y est attiré tout d'abord comme au lieu le plus saint et le plus remarquable.

Pour se conformer à la manie de la mode, on avait fermé l'ouverture de cette abside, qui est la plus élégante et la plus élancée qui reste dans le diocèse et une ignoble boiserie l'isolait complètement de l'église. L'autel se trouvait reporté en avant et sur la même ligne que ceux de la croisée. Par ce moyen, l'église était diminuée d'autant et l'espace qui restait derrière l'autel était devenu un lieu de saleté si dégoûtante, qu'il eût été de la dernière indécence de laisser les choses en pareil état. Heureusement on a eu la bonne idée de rétablir la première disposition et de replacer l'autel où il devait être naturellement : on a enlevé la boiserie qui dissimulait le caractère architectural de la construction ; on a revêtu les murs d'un enduit de chaux, de sable et de plâtre qui donne à toute cette partie de l'église un air de propreté qui devrait être le premier ornement de nos temples et qui la rajeunit sans lui ôter sa forme antique et vénérable. »

Des deux côtés de l'abside principale, si bien décrite par M. Brune, en existaient jadis deux autres, dont on voit encore la trace dans le mur oriental de chaque croisillon, et qui malheureusement ont été démolies, sans qu'on ait pu jamais songer à les rétablir.

La décoration intérieure est d'une simplicité de très-bon goût : à part la chaire, qui est moins riche et moins harmonieuse dans son ensemble que celle de Bazouges, mais qui contient peut-être des détails mieux réussis, l'église n'a de remarquable que son maître-autel en marbre blanc, qui appartenait, avant la Révolution, à la chapelle de Rillé.

Cet autel, qui est évidemment du XVIIIe siècle, est assez original. Au-dessus du tabernacle sont groupés avec art les attributs des évangélistes ; puis, au-dessus de tout cela, s'élève un calvaire, autour duquel s'enroule une guirlande de fruits et de fleurs soutenue par des anges, et qui se termine par un Jevohah et un joli baldaquin Louis XV. Le seul reproche qu'on pourrait adresser à ce travail serait l'effet quelque peu disgracieux de la gloire dorée qui le couronne, et l'excessive simplicité du tabernacle, qui contraste trop avec la richesse d'ornementation de la partie supérieure.

La cure de Tremblay dépendait de l'abbaye de Saint-Florent-de-Saumur, et, a été desservie, jusqu'en 1630, par des moines de cette communauté, qui occupaient probablement, derrière l'église, une maison sur les ruines de laquelle on a bâti récemment une ferme, qui porte encore le nom de *prieuré*.

C'est tout ce qu'on sait de cette paroisse jusqu'au temps de la Révolution : elle vit, alors, s'accomplir des drames affreux. Un jour, le 1er novembre 1795, — le bruit se répandit que Duboisguy arrivait avec sa bande à Tremblay, par la route de Fougères : à cette nouvelle, les habitants effrayés désertèrent leurs maisons et un grand nombre d'entre eux cherchèrent un refuge dans l'église, dont ils barricadèrent les portes. Mais les chouans en firent le siége et force fut aux malheureux qui s'y étaient enfermés de se retirer dans le clocher. Pendant que Duboisguy délibérait, dans le transept, sur les moyens de les chasser de leur dernière retraite, un coup de fusil partit de la voûte et atteignit un des chefs royalistes : la rage des envahisseurs fut bientôt à son comble et Duboisguy commanda de brûler la tour. En quelques instants, on amoncela dans l'église un tas de fagots et de glanes, auxquels on mit le feu, et bientôt les flammes percèrent la voûte.... Mais à mesure que, de peur d'être brûlés vifs, les assiégés sautaient par l'ouverture qui donne sur les jardins du prieuré, des soldats postés au pied du mur les fusillaient au passage. [1]

Chauvigné.

Une dernière commune nous reste à visiter : c'est Chauvigné, dont nous n'avons rien à dire. Son église

(1) Ce qui n'empêche pas Pitre-Chevalier dans sa *Bretagne moderne*, de vanter le courage et les vertus de Duboisguy, et de prostituer, en le donnant à ce jeune homme aux instincts farouches, le nom de Du Guesclin.

Triste! triste, very triste!!

est nulle sous le rapport de l'architecture; — on ne trouve dans les environs aucune ruine intéressante, si ce n'est quelques restes de fortifications en terre dont la construction ne remonte guère au-delà de la Révolution et qui n'offre pas d'ailleurs de particularité curieuse. C'est en vain, qu'à défaut d'histoire, on interrogerait la tradition dans ce pays : elle est muette et se borne à raconter certains épisodes des troubles qui éclatèrent, en 1793, sur le passage des vendéens, — épisodes mystérieux que nous devons passer sous silence, parce qu'ils touchent de trop près aux hommes et aux choses de ce temps-ci, et qu'il serait d'ailleurs difficile, sinon impossible de rappeler, sans raviver des douleurs ou des passions qui commencent à s'assoupir.

Imprimerie de J.-B. HUART.

www.ingramcontent.com/pod-product-compliance
Ingram Content Group UK Ltd.
Pitfield, Milton Keynes, MK11 3LW, UK
UKHW032012260826
14628UKWH00005B/2456

9 782013 078658